Georg Queri wurde am 30. April 1879 in Frieding geboren. 1902 begann er seine journalistische Laufbahn als Lokal- und Gerichtsreporter bei den »Münchner Neuesten Nachrichten«; 1908 wurde er Chefredakteur des »Starnberger Land- und Seeboten«, daneben arbeitete er für die Zeitschrift »Jugend«, deren Redaktion er im Januar 1918 bis zu seinem Tod übernahm; im Ersten Weltkrieg arbeitete er eineinhalb Jahre als Kriegsberichterstatter für das »Berliner Tageblatt«. Zu seinen wichtigen literarischen Veröffentlichungen gehören Lieder (»Die weltlichen Gesänge des Egidius Pfanzelter von Polykarpszell«, 1909), Erzählungen (»Die Schnurren des Rochus Mang, Baders, Meßners und Leichenbeschauers zu Fröttmannsau«, 1910), Theaterstücke (»Matheis bricht's Eis«, 1918) und ein posthum erschienener Roman (»Der Kapuziner«, 1920). Literaturgeschichtlich bemerkenswert ist seine zusammen mit Ludwig Thoma herausgegebene erste Anthologie bayerischer Autorinnen und Autoren (»Bayernbuch«, 1913). Mit seinen umfangreichen volkskundlichen Sammlungen (»Bauernerotik und Bauernfehme in Oberbayern«, 1911, und »Kraftbayrisch«, 1912) geriet er ins Visier von Polizei und Staatsanwaltschaft. Wegen eines lebenslangen Leidens, das auf einen tragischen Unfall in frühester Jugend zurückging, starb Queri bereits mit vierzig Jahren am 21. November 1919 in München.

Georg Queri · Werkausgabe in Einzelbänden
Herausgegeben von Michael Stephan

edition monacensia
Herausgeber: Monacensia
Literaturarchiv und Bibliothek
Dr. Elisabeth Tworek

Georg Queri

Bayrisches Komödiebüchl
Gegen böse Stunden und die lange Weil geschrieben

Mit Bildern von Paul Neu

Herausgegeben und mit einem Nachwort
von Michael Stephan

Weitere Informationen über den Verlag und sein Programm unter:
www.allitera.de

Bibliografische Information der Deutschen Nationalbibliothek
Die Deutsche Nationalbibliothek verzeichnet diese Publikation in der
Deutschen Nationalbibliografie; detaillierte bibliografische Daten sind im
Internet über http://dnb.d-nb.de abrufbar.

März 2010
Allitera Verlag
Ein Verlag der Buch&media GmbH, München
© 2010 für diese Ausgabe: Landeshauptstadt München/Kulturreferat
Münchner Stadtbibliothek
Monacensia Literaturarchiv und Bibliothek
Leitung: Dr. Elisabeth Tworek
und Buch&media GmbH, München
Umschlaggestaltung: Kay Fretwurst, Freienbrink
Herstellung: Books on Demand GmbH, Norderstedt
Printed in Germany · ISBN 978-3-86906-113-9

Die zehn Komödien:

Schwartlingkomödie 13
Anno Elf der Kriegskomet 19
Der Balkankrieg anno Zwölf 25
Anno Zwölf im Juni: der Zeppelin 31
Hindianer 37
Münchner Tankparade 43
Der Kunsthändler und der Sammler 49
Der arme Buchhändler und der reiche Mann 57
Kasperl in Neutralien 63
Der Zaun 71

Nachwort 87
Editorische Notiz 92

Traurige Nachricht,

Erfahrungen über das Komödieschreiben betreffend

Anno Elf, als der Krieg am Himmel stand, schrieb ich eine winzige Komödie, in der ein paar Bauern aus dem Würmseegau über ihre Kriegsahnungen sprachen.

Sie erschien in den »Münchner Neuesten Nachrichten« und brachte mir Geld und Kummer.

Ich hatte mit der sattsam bekannten dichterischen Freiheit die ganze Fabel nach Söcking in die Stube des Schalperwirts verlegt – das war gelogen: ich hatte seit zwölf Jahren dort keine Maß mehr getrunken.

Die Strafe für die Tat bestand in einem Briefe, den ich sühnehalber hier wiedergebe:

Söcking, 28. Sept. 11.

Kann Herr Georg Queri seine dichterische Begabung nicht anders zum Ausdruck bringen, als wie einigen Personen Gespräche aufbinden, die vollständig aus dem Begabungsvermögen des Herrn Queri entstanden sind, und noch dazu eine Wirtschaft und Datum nennen.

War vielleicht Queri selbst an dem bezeichneten Datum in der Wirtschaft anwesend, oder kann er nachweisen, daß irgendwelche Gespräche dieser Art gesagt oder gehört wurden; keines von beiden.

Schaut vielleicht Herr Queri die Söckiger für gar so dumm an, und glaubt, selbe lesen gar keine Zeitung, daß er hineinschreiben kann, was er will, da brennt er sich aber.

Ist Herr Queri für drahtlose Ohrentelegraphie empfänglich, ersuchen wir ihn freundlichst, sich an einem Sonntag zwischen zwei und fünf Uhr beim Schalperwirt, oder an einem anderen von ihm gewünschten Orte, einzufinden.

Für Massenvorrat zur drahtlosen Handtelegraphie ist Sorge getragen.

Einer für Alle.

Für Vorstehendes verantwortlich im Namen der Söckinger

Otto P ………
Friseur, Söcking.

Ich konnte mir aber die Handschrift, in der die Söckinger Telegraphie verständlich werden wollte, auch aus der sicheren Ferne vorstellen. Der Brief nennt das Begabungsvermögen – ich halte es für richtiger, von der Gabe der Beherrschung zu sprechen.

Ich mied bei meinen nächsten Sonntagswanderungen mit einem gewissen Behagen die Söckinger Flur. Erst zwei Monate später fand ich den Weg zum Schalperwirt.

Der Mann mit der befremdenden Telegraphie war nicht anwesend. Man riet mir, ihn in seiner Amtsstube aufzusuchen und mir von ihm den Bart scheeren zu lassen.

Welch ein Ansinnen!

Unrasiert ging ich nach Starnberg zurück.

Übrigens: der freundliche Leser mit seinen Prügelwünschen kommt auch weiterhin nicht auf seine Rechnung.

Die Schuld ist verjährt und überdies getilgt durch mehrere Maß herrlichen Starnberger Bieres, die ich inzwischen mit den Söckinger Telegraphisten auf dem Jakobiniehmarkt 1911 getrunken habe.

Und ich schrieb noch etliche Söckinger Komödien mehr.

Ist das schon wieder lange her!

Unterdessen haben mich rund etliche tausend Leute wegen der kleinen Komödien dieser Vorkriegszeit angesprochen – ich entschloß mich also doch, sie und einige andere in ein Bändchen zu fassen.

Vielleicht findet dieses Bändchen Freunde – manches darin ist schon vordem beschmunzelt worden. Dârf ich die (nicht mit telegraphischer Kürze und Würze verfaßte) Zuschrift des liebenswürdigen nun leider schwer kriegsbeschädigten Rittmeisters v. St. zur Schilderung der Söckinger Epistel anführen:

»Auf fast allen Kriegsschauplätzen der Welt – ich kenne die meisten – hab ich ein kleines Blatt bei mir getragen: die Kriegsgespräche von Söcking. Wie vielen hat das Ding seitdem Spaß gemacht! Wie haben doch diese drei urwüchsigen bayrischen Bauern alles so genau vorher gewußt, wie's kommen wird! Wenn sie sich auch über die Torpedos und deren Erfinder, den »Fischer z' Feldafing«, nicht ganz klar und einig waren, so ahnten sie doch wohl schon das kommende U-Boot. Köstlich ist ihr Streit über die Bewertung der einzelnen Gegner. Aber wer behielt Recht mit seinem letzten Wort: der

Klauberer: »ös werds amal sagn, daß der Klauberer Recht ghabt hat! Ja, da Engländer! Wann auch 's Meer dazwischen is, so weit, daß an Deifi graust« – so der Klauberer mit wirklicher Prophetengabe.«

Mußte mich dieser nette Brief Nummer zwei nicht völlig mit der massiven Söckinger Handschrift aussöhnen?

Ich trinke auf das Wohl des Rittmeisters v. St. und aller spaßfesten Menschen.

Starnberg, im Oktober 1918
Georg Queri

Schwartlingkomödie

Auszug aus meinem Tagebuch: Freitag, 2, Januar: Rodelfahrt vom Stadelberg. 4.48 von Miesbach nach Darching. Amerikanerwagen. Plattform. Ausstellung sämtlicher Arten von Rodelschlitten. Inneres: In den Gepäcknetzen Fortsetzung der Wintersportausstellung. Zwei Paar Skier sind lässig im Gang verstaut. Infolgedessen: ich stolpere, du stolperst, er stolpert...

EIN MANN AUS DARCHING: Saggradi-saggradi. Malafizschwartling, elendige. Wann kimmt denn der Deifi amal drauf, mit was er sei Höll hoazn muaß?
Mehrere murmeln Beifall.
EIN MAURER: So weit kimmt's noch, daß oana, der wo koane Schwartling net hat, überhaupts nimmer Eisenboh fahrn därf.
EINE HANSEATISCHE DAME: Nee, das gibt es nu bei uns doch nich. Das Publikum würde bessstimmt – – nöch? (Von den Skiern über ihrem Kopf tröpfelt Wasser ab.) Igitiigittigitt!
EIN MANN AUS DEM VOLKE: Der Tropf geht ei.
EIN ANDERER: Muaß ma sich dees g'fall'n lass'n? Ih hab mein Taufschei scho dahoam.
Wieder ein anderer: Wie länger der Wintersport, wia dümmer.

EIN VERNÜNFTIGER (dem die im Gang angelehnten Skier die Schulter scheuern): Wem g'hör'n denn nachat die Schwartling da?! (Pause. Niemand meldet sich.)
DER VERNÜNFTIGE (zu seinem Nachbarn): Paß auf, Xaverl, mach's Fenster auf. Die g'hör'n neambd, die Schwartling. Schmeiß'n ma s' naus.
ZWEI JUNGE DAMEN kreischen hilflos auf und bemühen sich mit aller Ungeschicklichkeit, die Ungetüme zu verstauen.
DER VERNÜNFTIGE: Aha, aha. Da siehgst es wieder, d'Weiberleut. Alls ham s', nur koa Hirn.
EINE FRAU AUS THALHAM: Überhaupts is dees a Schand für a Frauenzimmer, bal's aso daherkimmt. In an solchen Verzug! Dees bal er wissat, der Papst z' Rom hint!
DER MAURER: Saudummes G'red – z' Rom hint wissen s' ja net amal, was da Schnee für a Farb hat. Da ham s' noh a Art und a Manier und lass'n eahnare Schuah noh net beim Schreiner mach'n.
EIN ANDERER: Da kenna s' noh koa Schwartlingfieber.

EIN MÜNCHNER: Skihaserln und Rodlmoaserln. Vor solchane hab ih scho g'fress'n. An Schwartlingmaschkara macha, dees mög'n s' – aber an Kochlöffi scheucha s' als wia's ewige Feuer.
DER VERNÜNFTIGE (abwehrend): Aber dees will fei auch g'lernt sei, dees Skifahr'n! Da muaß ma fei wiss'n, wo d' Hax'n hing'hör'n. Oft find't oana seine Füaß vierzehn Täg Nimma z'samm.
DER MAURER (beistimmend): Der wo den langa Wintersport derfunden hat, dees is der Zarschki. A Breiß werd's sei.
EIN ANDERER: Aber für deine Bäckerfüaß werd er halt aa koane Schwartling herricht'n könna.
Bal d' Füaß schiaggln und kreuz und quer überanand schaugn – –
DER MAURER (beleidigt): Verstehst du vielleicht was davo?! Da gibt's Graf'n, dee wo Ski fahr'n! Und Baröner, dee wo rodeln. Und an Deutschen Kaiser sei Suh – –
DIE FRAU AUS THALHAM (vorwurfsvoll): Was halt die Weltlichen san. Aber der Papst z' Rom hintn – – (Sie gibt das andere durch vernichtende Blicke zu verstehn.)
DER MAURER (grollt die Frau an): Du wannst den ganzn Tag 's Maul halten taatst, und nix als wia 's Maul halt'n und nochamal

's Maul haltn! Du narrats Gansviertl, du! – Taat sie über's Schifahrn dispatiern!

DER MÜNCHNER: Es gibt nix g'sünderes als wia den Wintersport. In der Zeitung is 's g'standen. Und den schön Durst, den wost dra kriagst.

EIN ANDERER: Ih Hab mir s' ogschaugt, d Schwartlingbrüder. Wia d' Vögerl san s' – al Aug'nblick fliagt oana.

WIEDER EIN ANDERER: Und fall'n um wie im Landtag.

DER VERNÜNFTIGE: Hinauf fahr'n is schwaar. Die Dümmern fahr'n hinauf.

DER MAURER: Gscheidterl! Und wia wollen s' denn abi fahr'n, bal s' net nauf san?

DER VERNÜNFTIGE (beleidigt): Ja, warum fahr'n s' denn nachat nauf, bal s' wieder abi müass'n?? So a Gschwatz. Überhaupts – –

EIN ALTER MANN (nachdem er sich vielsagend geräuspert hat): Das hat's zu meiner Zeit all's net geb'n. Da is halt der Winter Winter g'wes'n und ferti.

EIN SKIFAHRER: Is heut auch net anders.

DER ALTE MANN (strafend): Und dee junga Leut ham an Charakter g'habt und san dahoam blieb'n – –
(Der Zug hält plötzlich. Die Skihölzer klingen aneinander. Rucksäcke kollern behaglich. Der Schaffner ruft: Darching! Darching! – – schade, schade, ich muß aussteigen.)

*
* *

Anno Elf
der Kriegskomet

DER GLASL: Da müaßn die Lauern dröschn, wann die Knecht im Kriag san. Allaweil geht's an die Bauern naus.
DER KLAUBERER: 's papierene Geld is koan Pfifferling mehr wert, wann's an Kriag gibt. Mei Liaber, da därfst glei einhoazn mit die Hunderter. Brenna guat, die papieran Zwanzgmarkstückl.
DER VÖSTL: Zu wem hilft denn der Ruß?
DER MOAR: Das is a ganzer Feinspinner, der Ruß! Anno Dreizehne is meiner Altn sei Großvater derfrorn z' Rußland hint.
DER ZUNTERER: Und zahln müassn allaweil mir. Allaweil der Baur. Koan Großkopfetn tean s' d' Roß net furt, das merkts enk. Aba mir müassn d' Roß hergeb'n.
DER VÖSTL: Zu wem hilft denn der Ruß?
DER MOAR: Mir verzählt neamd nix vom Kriag, dees konn ih enk sagn. Z' Batseilllles hint hab ih d' Kügerln pfeiffn hörn. Bruaderherz, dees muaß ma ghört ham! (Er versucht das Geräusch wiederzugeben.)
DER GLASL: Dem gschwollkopfetn Simmerl vergunn ih an Kriag. Da kann er Schwalangschehr (Chevauxleger) spieln. Aber seine Weibsbilder werd er dahoam lassn müassn!
DER KLAUBERER: Unsern Burgermoaster is aber noch nix bekannt vom Kriag. Unfern Burgermoaster müassn sie's fein ansagn, wann's soweit is!
DER MOAR (spöttisch): *Den* wern s' z'erst frag'n!
DER VÖSTL: An Russn därf ma net traun, dees sag ih. Dees Anno Dreizehne därf ma net vergessn!
DER ZUNTERER: Und Anno Siewazg!? Han? Da sagt neamd was! Wo san denn die fünf Milliona March hinkomma?!

DER MOAR: Rindviech, kaiserlichs, fünf *Milliardn* March! Dees is ein anderer Nummerer!
DER ZUNTERER: Dees is ganz gleich. Is vielleicht nur an oanzigs Markl auf Söcking Komma?!
DER GLASL: Läus hat mei Bruader hoambracht vom Kriag.
DER ZUNTERER: Und da Schmied vo Hadorf hat a schlechts Gehwerk mitbracht vom Kriag. Sunst is mir nix bekannt, daß er was mitbracht hat.
DER GLASL: Von die fünf Milliardn hat mei Bruader nix mitbracht. Dees müaßt ih wissn.
DER MOAR: Z' Batseilllles hint hab ih mei Tabakdusn verlorn. Dee von mein' Großvatern mit'n silbern Bschläg.
DER VÖSTL (mit erhobenem Zeigefinger): Der Ruß! Der Ruß! Sunst sag ih nix!
DER KLAUBERER: Und der Engländer? Han? Der Engländer???
DER GLASL: Ah, der Engländer. Da werd's weiters nix ham mit'n Engländer. Wo ja 's Meer dazwischn is so weit, daß an Teufl graust.
DER ZUNTERER: Weil's vielleicht koane Schifferl net gibt, han?! Einsteign und ruadern und numfahrn, net wahr?
DER MOAR: Und d' Torpetter därf ma net vergessn. D' Torpetter! Dees is ein ganz ein anderer Nummerer. Ih hab s' kenna glernt.
DER GLASL: Wo hast denn du an Torpetter kenna glernt?! Beim Fischer z' Feldafing!?
DER KLAUBERER: Mir san doch net ganz hirndamisch. Und bsuffa san mir aa net. Kaamat er mit die Torpetter daher.
DER ZUNTERER: Und überhaupts ...
DER MOAR: Dir gib ih nachat gleich: »überhaupts!«
DER VÖSTL: Wenn der Ruß daher kimmt, nachat werds es schon sehgn. Der Ruß is a Viech.
DER MOAR: So??? Und der Franzos!!! Wer moanst, daß da dees größer' Viech is? Moanst, mir ham an Gspaß ghabt Anno Siewazg!? Ös seids ja net mit!
DER GLASL: Na, dahoam san mir blieb und ham recht zahlt, daßts ös recht lebn habts könna im Feld, ham ma uns dappig zahlt.
DER KLAUBERER: Und wiats hoamkemma seids, habts nach der Pension gschrian. Grad Pensiona – der Baur zahlt's schon, der Baur.

Der Zunterer: Mir brauchn koan Kriag net. Is aso alls so teuer. Kauf amal an Habern! Was moanst denn, daß der Habern jetzt kost'!?
Der Moar: Weilts koa Schneid net habts zum Kriag! Ös seids ja lauter Loamsieder!
Der Glasl: Was Loamsieder?!
Der Vöstl: Was Loamsieder?! Und derweil is er Anno Siewazg allaweil bsuffa in die Straßngräbn umanand glegn. Vor lauterner Tapferkeit.
Der Moar (wütend): Dees sag nochmal ...
Der Zunterer: A Ruah muaß sei!!!
Der Klauberer: Und überhaupts ...
Der Moar: Dees sag nochmal!!!
Der Vöstl: Ja, weilst allaweil mit deine Torpetter daherkimmst! Und ih glaub amal net an deine Torpetter – – aber der Ruß ...
Der Glasl: Jetzt hörst amal auf mit dein' Russn!
Der Klauberer: Und ih sag: der Engländer! Dees sag ih. Ös werds noch amal sagn, daß 's der Klauberer vorausgsagt hat.
Der Zunterer: Und wer muaß zahln!? Der Baur! Uns haun s' d' Steuern und d' Abgabn wieder nauf.
Der Moar: Z' Batseilllles hint – –
(Jetzt erklingt die Aveglocke. Schluß der Unterredung; nur der Vöstl murmelt noch, während er das Kreuzzeichen macht: »der Ruß is a Viech ...«).

*
* *

Der Balkankrieg anno Zwölf

DER GLASL: Han? Was sagts?! Dees is enk einer, der Nikalaus!
DER BENI: Ja, z' Montenegro hint – da san s' beinand, die Brüaderl. Lauter Montenegriner.
DER BADER: Hat allaweil ghoaßn: amal wern s' doch d' Läus auffressn alle mitanand. Da muaß ma sich täuscht ham.
DER MOAR: Dann wär a Ruah gwesn und Aus und Amen.
DER BADER: Jetzt is eahna 's Schaffleisch in' Kopf gstiegn, dees wo s' gstohln ham. Jetzt draahn s' auf!
DER GLASL: Bis eahna da Türk a Trumm Watschn hinhaut. A recht a ausgwachsne Watschn und schön rösch rausbachn.
DER BENI: Öha! A bißl langsamer! Da Türk schiaßt aa net schneller als wia der Preiß! Da Türk hat noch an kloan Wehdam z' Tripolis hintn!
DER MOAR: Is schon gar mit'n Wehdam. Hast'n ghört, an Italiener? Hat er net gsagt: san mir wieder guat mitanand!
DER BADER: Im Jahre Anno Siewazg ...
DER GLASL: Hör mir auf mit dein' Anno Siewazg! Da hat der Italiener nix z' schnabeln ghabt. Und der Türk aa net. Deeselln Türkn und Italiener ham alle rote Hosn anghabt. Ih hab s' gsehgn. Z' Batseilllles hint hab ih s' gsehgn, mei Liaba! Z'erst von vorn und dann von hintn.
DER MOAR: Hör wir auf mit deini Wulewuh. – Jetzt geht's türkisch zua. Jetzt is Konstantinopl Trumpf!
DER GLASL: So?! Und Bulgarien? Is dees vielleicht koa Trumpf net? Mir sollt oana kemma und sollt sagn, daß dees koa Trumpf net is!
DER BADER: Und der Serb werd aa a bissl mittarokn! Der Serb sticht mit'n Ober an König, dees hat ma ghört. Da sticht der Ober an König ab, z' Serbien hint.
DER MOAR: Der Serb macht's Kraut net fett, dees merkst dir!
DER GLASL: Aber der Ruß!!! Hast es net ghört, daß der Ruß sein' Schnabl drin hat? Hat an großn Schnabl, der Ruß!
DER MOAR: Hast du scho aa koan kloan Schnabl net! Hergehn und redn. Und wissn nix. Moanst denn du, daß der Österreicher dees leid't!? Aber scho durchaus gar net!

Der Beni: Ös habts bloß läutn hörn, aber net zsammschlagn. Ös wißts nix vom Engländer und nix vom Franzosn. Der Engländer hat gsagt …

Der Bader: Der Engländer hat gar nix z' schnabeln! Z' redn ham mir. Wann die Deutschn und die Boarn zsammahelfn …

Der Moar: Mannsbild, spinnats! Die müassn schon zsammhelfn! Seit Anno Sechsasechzg san mir die Preißn zuagschriebn, dees merkst dir!

Der Beni: Und der Badenser und der Würtnberger aa. Wenn s' in Berlin sagn: jetzt werd dem Türkn gholfn, dann müassn d' Boarn und d' Schwabn auf Konstantinopl einruckn. Da gibts koan Radi.

Der Glasl: Mir waar's gnua! Die türkisch' Fresserei: an Bolenta und an Kafeh.

Der Bader: Und koan Zucker drin und koa Milli. Der Knecht vom Schwoager is z' Metz bei der Militari gwesn, da kriagn s' an Kafeh kohlrappnschwarz und koa Bröckerl Zucker drin.

Der Beni: Weil s' das türkisch fressn lerna müassn. Weil dees scho ausgmacht is, daß mir amal hinterimarschiern zu die Türkischn.

DER MOAR: Ih möcht net mit. Wann der Türk seine Weiber los laßt auf die Leut – mei Liaber, wo a jeder seine zwanzg Weiberleut hat! Dees is ausgmacht im türkischen Glaubn.
DER GLASL: Werst es schon wissn, warumst die Weibertn so scheuchst! Schneid halt amal deiner Altn d' Fingernägl ab ...
DER MOAR: Han? Mei Liaber, gel, im Wirtshaus traust dir? Da geht dir's Maul als wia gschmiert! Alber dahoam, warum verlierst denn allaweil gleich die Sprach, wann dir dei Hausdrach an Kriag ansagt?
DER GLASL: Moar, paß auf, sag ih dir! Mehrer sag ih net! Ih sag bloß, paß auf ...
DER BADER: Ih möcht koa Türkischer net sei. Ös teats ja enkere oanschichtign Weiber schon ferchtn. Und zwanzgi san ausgmacht im türkischn Glaubn. Da taat aber a jeder schmirzhaft dreinschaugn.
DER BENI: Na werd er nix ausrichtn könna, der Türk. Bis er zu einer jedn Pfüatgood sagt von dene zwanzge, derweil is der Kriag gar. Die mögn sich ausredn, die Weiberleut.
DER MOAR: An mih hat die Meinige a Stund lang hindischputiert die vorig Wochn und bin bloß auf Münka gfahrn.
DER GLASL: Gel, Spitzbua, jetzt giebst es zua!
DER MOAR: Was gib ih zua!? nix gib ih zua! Ih gib bloß zua, daß dich die Deinig' in d' Hennasteign eisperrn taat, balst auf Münka fahrn möchst. Deessell gib ih zua.
DER BENI: Fangts schon wieder an mit dem saudumma Streitn?
DER BADER: Und derweil is der Kriag gar.
DER GLASL: Oanfaltigs Gred! A Kriag dauert hübsch lang, dees mirkst dir!
DER MOAR: Heuntzutag? Mei Liaba, heuntzutag san s' gleich fertig. Van die Luftschiff werfn s' die Bombn abi, und herunt redn die Kanona. Das is eine laute Sprach, wo sich gleich a jeder auskennt.
DER BENI: Dees kaam ja grad raus, als wann nur oaner redn taat. Wern die andern schon aa mitredn. Red't der Türk hin, redn die andern her.
DER BADER: Und wer 's letzte Wort hat, der hat Recht.
DER GLASL: Der wo den letztn Trumpf hat! Mei Liaber, an Trumpf muaß ma sich aufsparn und dees koan kloan'!
DER MOAR: Wannst es aber schon alle in der Hand hast, die

Trümpf!? Alle Trümpf und noch a schöne Handkartn? Mei Liaber, a halbete Million Leut hat er, der Türk! Dees is a Solo! Herz hoaßt's – der Kaiser reit'!

DER GLASL: Und wo hat er nachat die Säu?! Han!? Dees muatst dir merkn, daß der Franzos die Schellnsau is. Die Geldsau. Der schebbert ja vor lauter Geld, der Franzos.

DER BADER: Dann is der Engländer die Eichlsau. Schön gelb vor lauter Gift und Neid.

DER BENI: Bleibt uns noch die Laubsau. Weil mir wieder wartn wern, bis die andern 's Laub zsammgrechnt ham. Is nix mehr da für enk, werd der Engländer und der Franzos sagn, wenn s' an Türkn sei Sach sauber verteilt ham.

DER MOAR: Wo bleibt dann der Östreicher, han!? Is dees vielleicht der Herr niemand von Nirgadsher?

DER GLASL: Der Östreicher!? Dees is der Beli. Der Schellnsiebner. Der is grad recht beim Zwicka.

DER MOAR: Oder was beißt mih! Da werd gleich auszwickt sein; da sagt der Italiener: wia ham mir's denn? Därf ih gar net mitredn?

DER BADER: Jaja – da kunntst net unrecht ham. Der Italiener – der werd auch sein Wörtl sagn mögn.

DER GLASL: Na sagn halt die andern: mir könna net italienisch. No kapischko! sagn die italienischen Maurer allaweil. Wern mir's halt auch amal sagn müassn.

DER MOAR: Und was nachat? Na geht der Weltkriag an! Nehmts amal a schöns gselchts Haxl und schmeißts es auf d' Straßn und san fünf Metzgerhund da, von die allergrößtn – was wern s' denn toa, als wia raffn!

DER GLASL: Jaja – der Weltkriag ...

DER BADER: Der Weltkriag!

DER BENI: Jaja – der Weltkriag – Kellnerin, zahln!

DER BADER: Bawett, ih zahl aa.

DER GLASL: Zahln, Bawett.

DER MOAR: Zahl ih aa.

(Und verstummen und schleichen von dannen.)

*
* *

Anno Zwölf im Juni:
Der Zeppelin kehrt von Berlin zurück

DER GLASL: Aber zruck is er aus'm Breissischn, dees merkst dir!
DER BENI: Dumm werd er sei und werd drobn bleibn. Lauter Erdäpfl fressn und nix als wia Speck. Und nach an jedn Erdäpfl a Stamperl Schnaps. Ih geh, hat er eahm denkt.

DER BADER: Ih fahr, werd er gsagt ham. Dafür hat er sei Ballonschiff erfundn, daß er gsagt hat: ih fahr.
DER MOAR: Werd eahm scho glei a Retourbillettl mitgnomma ham. Mei Liaber, ohne Retourbillettl fahrt neamd auf Breißn hinteri. Der Napolium hat eahm a Retourbillettl nachlösn müassn, im Jahr Anno Dreizehne.

DER GLASL: A solcher als wia der Zeppelin is überall geacht'. Der därf eahm scho auf Breißn traun. Und a Graf is er aa noch.

DER BADER: Ih kenn s' guat, die Grafn. Mih hat scho amal oaner nach'n Weg gfragt. »Bittschön«, hat er gsagt, »wo geht's denn da auf Maising umi?« Und is aber a Graf gwesn. »Bittschö«, hat er gsagt. So leschehr san s', die Grafn. »Da muaßt rechts umi und denk abi und hint auffi und vorn obi, Herr Graf«, hab ih gsagt. »Dank schö«, hat er gsagt, der Graf, »dank schö«.

DER BENI: Werst eahm scho an falschn Weg zoagt ham, du Trukkerlader.

DER GLASL: Der Zeppelin is ein ganz ein leschehrer. Ih hab amal a Bildl von ehm gsehn, da hat er a Plattn ghabt.

DER MOAR: Hat scho der Bismarck aa a Plattn ghabt. Dee gscheidtn Leut genga alle die Haar aus, das mirkst dir.

DER BADER: Unser Lehrer hat aa a Plattn.

DER GLASL: Und der Schmiedramsl hat aa a Plattn. Aber koan Luftballon hat er fei net erfundn.

DER MOAR: Aber daß der Bismarck a Plattn ghabt hat, dees muaß ma wissn. Und vorn drei Haar.

DER BENI: Aber unsern Lehrer sei Plattn, die is vom guatn Lebn. Schö warm halten und kalt nachitrinkn. Wer zahlt's: allweil der Bauer.

DER GLASL: Du allweil mit dein »guatn Lebn!« Fahr du amal in die Luftschiff umanand, dann redst wieder vom guatn Lehm! Du Rindviech! Und werd dir schlecht und därfst net aussteign. Da werd's was ham mit dem Aussteign!

DER BENI: Da werd's weiter net viel ham! Kuf die Meerschiff därf ma aa net aussteign. Links 's Wasser und rechts 's Wasser und hint und vorn schö naß. Da steig aus!

DER MOAR: Redst scho wieder von deine Meerschiff? Du trägst deine Walgler hoam – hinum herum, allweil saudumm saudumm – deine Räusch san deine Meerschiff!

DER BENI: Aber grad fallt's mir ei, daß meine Räusch neambd nix angenga! Meine Räusch san *meine* Räusch! Und beim Hoamtragn hast mir no net helfa braucha – oder??

DER BADER: A Ruah muaß sei!!

DER GLASL: Halt's Maul, Bader. Sunst laß ih dir an Zeppelin neiroasn – ih zahl's gern. Bis in d' Gurgl muß er dir neiroasn.

DER MOAR: Weil sih der Zeppelin von dir was anschaffn laßt, gel!

Mei Liaber, der laßt sih von neambd nix sagn. Heut wann er an Kriag anfanga will, na fangt er an!
DER BENI: Ih scheu's, dees Kriaganfanga! Z' Batseilllles hint …
DER MOAR: Fangt er einfach an Kriag an und roast auf Paris hinteri mit sein Luftschiff und sagt: »Jetzt bin ih da, ös gschneckltn Pariser!«
DER BADER: Der kann aber schon franzesisch auch redn, der Zeppelin. Und is a Graf und sagt: »Boh schurr, mosjeh, awanti!«
DER GLASL: Aber so dappat werd er's net rausbringa als wia du.
DER BADER: Dees franzesisch Redn …
DER GLASL: Halt's Maul, Bader. Dih werd er net fragn, wia ma redn muaß mit die Leut.
DER MOAR: Aber scho gar neambd werd er fragn! Der fliagt in's England umi, bist dih umschaugst und is scho da aa. Der Zeppelin, mei Liaber – mehrer sag ih net!
DER BENI: Da werd nachat die Engländer 's Bier a bissl sauer vürkemma. Da wern s' halt umsunst die heilign vierzehn Nothelfer anruafn.
DER BADER: Dann hört sich's Englischredn auf!
DER GLASL: Hast du scho amal Englischredn ghört? Die böhmischn Maurer redn ja net englisch!
DER MOAR: Mei Liaber, ih möcht fei koa Engländer net sei! Wann der Zeppelin kummt, dann nutzt eahna das vüle Geld nix mehr. Der Zeppelin pfeift auf die englischn Kronataler!
DER BENI: Öha! A bissl langsamer! Dene Engländer könna mir fei noch lang net wechsln. Deeswegn hoahn s' die Lord.
DER BADER: Und Schettelmann hoaßt ma s' auch. Ham vül Geld zum Auswechsln, mei Liaba. Ih hab amal …
DER GLASL: Da werd glei ausgwechslt sei, wann eahna der Zeppelin ebbas auf die englischn Köpf falln laßt!
DER BADER: Wann s' aber auffischiaßn, han!?
DER MOAR: Auffischiaßn! Auffischiaßn! Moanst, der Zeppelin fürcht' sih? Ja, was waar denn net dees! Schiaßts nur auffi, werd er sagn, ös englischn Schedlmann!
DER BADER (mit Betonung): Schettelmann hoaßt's.
DER MOAR: Aber was eahna nauffliagt, dees fliagt auf'n Schedl, dees mirkst dir. Und fürchtn tuat er sih net, deessell sag ih!
DER GLASL: Weilst net drin sitzst in demselbign Luftschiff, gel!

DER MOAR: Sitzt ja du aa net drin! Dih tät er schon net reinlassn, daß eahm's Luftschiff net scheu werd.
DER GLASL: Und dih tät er net reilassn zwegn dein Bauch. Öha, tät er sagn, da kemma ja glei vier auf oamal.
DER BENI: Ih möcht gern mitfahrn. Auf der Stell tät ih einsteign.
DER BADER: Aha, möchst deiner Altn ausreißn. Geh nur zua, tät s' sagn, bist glei vergessn.
DER MOAR: San schon die höchstn Herrn mit'n Zeppelin gfahrn, Kaiser und Kini und Fürstn. Paßts nur auf: der Papst z'Rom, der fahrt schon aa no amal mit!
DER BENI: Hoch auffi, daß er besser mit unsern Herrgott dischkeriern konn.
DER GLASL: Kunnt er glei wegn der Ernt a bissl redn. Daß er d'Erdäpfl net wieder so austrockna laßt als wia's vorder Jahr.
DER BADER: Und wegn die Steuern, daß ma s' noch derzahln konn.
DER GLASL: Ih kauf mir an Luftballon. Wenn der Steuerbot kimmt, fliag ih furt.
DER BENI: Auffischiaßn, auffischiaßn!
EIN FREMDER (tritt ein).
DERBADER (leise): Pssst! Pssst! A Fremder.
DER BENI: Bawett, zahln!
DER GLASL: Zahl ih aa, Bawett!
DER MOAR: Ih zahl aa.
DER BADER: Adjes ...

*
* *

Hindianer

Im Oktober 1915 zu Vigneulles an der Cote Lorraine. Ein Armeebefehl gibt bekannt, daß, man möglicherweise bald indische Truppen vor sich haben würde. Und soundso sehen sie aus ...

Das ist wieder neuer Gesprächsstoff im Schützengraben. Ich denk, wir hören den Leuten ein bissel zu.

* *
*

DER ZWIESELHUEBER: Jetz kemma die ganz andern aa noh – habe die Ehre! – Hindianer, wenn mehr als zwölfi aufs Dutzend genga, nachat fürcht ih mih.

DER KASCHPER: Von dene Hindianer hat a jeder a giftige Schlange bei eahm. Dees muaß ma g'lesn ham in dee Büachln. Ohne sei giftige Schlang geht von dene koana aus'm Haus. Wia ma halt bei uns an Regenschirm mitnimmt, net wahr.

DER ALISI: Ih mag's gern, dee Viecherln. Ih Hab fei scho vül Schlangen gsehng in die Aquarium und in die Zirkus und in die Menascherien umanand. Grad zünfti san s'.

DER KEFERLOHER: Rindviech, kaiserlichs! Da hört sih's fei auf mit'n Zünftigsei – bitschbatsch, bist scho bissn. Und bist scho hin aa.

DER ALISI: Oha! A bißl langsamer! Aso dischkeriert ja mei Gwehrkolbn: bitschbatsch – und is scho hin aa, so a hindianischer Angilotti.

DER KEFERLOHER (grübelnd): Jetzt wern s' halt schwer aufztreibn sei, weil's scho z'kalt is. ... Jetz ham sie sih halt schon alle verkrochn.

DER ZWIESELHUEBER: D' Schlangen??

DER ALISI: Na. Woaßt, d' Igel. Da Herr General müaßt halt alle Igl zsammfanga lassn.

Dee fressn nix liaba als wia Schlangen. Ahhh, sagt so a Igl, bal er a recht giftige siehgt, ahhh, geh her, Gschmacherl! Und frißt's mit Dreck und Speck.

DER KASCHPER: Braucht er nur auf England hinteri schreibn, da Herr General. Da gibts es hauffaweis, die Schweinigl.

DER KEFERLOHER: Elefantn ham s' aa, dee Indischn. Statt die Roß.

DER KASCHPER: Müaßt er a schöns Briaferl auf England hinteri schreibn, da Herr General, bal er Schweinigl braucht.
DER KEFERLOHER: Dee Hindianischen Patrolln reitn auf dee Elefantn. Der wo deeselln Büachln glesn hat, der woaß dees.
DER ALISI: Ih mag s' gern, d' Elefantn. Dee wo zwoa Buckl ham, dee hoaßt ma Trampltier.
DER ZWIESELHUEBER: In dem welchern Schütsngrabn hast denn dei Hirn verlorn, han? Du Oberrindviech; dees san ja die Kamöl, wo dee vüln Buckl ham!!!
DER ALISI: Wo san nachat *deine* vüln Buckln?
DER KEFERLOHER: Statt an Helm ham s' a Kopftüachl, dee Hindianischn. Daß eahna d' Läus net derfriern, ham s' a Kopftüachl.
DER KASCHPER: Wia d' Hausnbäurin vo Nußham. Dee wann sei Kopftüachl auf'n Tisch hilegt, lafft's von alloa davo.
DER ALISI: Im Gesicht san s' ganz schwarz, dee Hindianischn. Braucha s' eahna net waschn.
DER ZWIESELHUEBER: Dee hindianischn Menschn –
DER ALISI: Braucha s' eahna net waschn, weil s' sowiaso schwarz san.
DER ZWIESELHUEBER: Dee hindianischn Menschn –
DER KEFERLOHER: Moanst, du woaßt was? Mei Liaba, du hast deeselln Büachln net glesn. Da steht alles drin von dee vüln Erdteil.
DER ZWIESELHUEBER: Dee hindi – –

DER ALISI: Bist krank! Mit deine ewign hindianischn Menschn!
DER KASCHPER: Engerling hat er im Hirn. Von dem vüln Umanandliegn in die Schütnzgräbn hat er Engerling kriagt.
DER ALISI: Und is eahm 's Hirn eigfrorn. Hörst es net?? Sssssss – dees san d'Engerling, dee tean Schlittschuah fahrn in sein Hirn.
DER ZWIESELHUEBER: Was hast gsagt –
DER KEFERLOHER: Nix werd grafft! Saggradi – wo soll'n denn die Hindianer an Respekt hernehma!
DER KASCHPER: Dees mit die Schlangen geht mir net aus'm Kopf ... Dee arma Viecherln!
DER ALISI: ???
DER KASCHPER: Aufm nakatn Bauch umanand kriacha – und is fei jetz saukalt bei der Nacht.
DerAlisi: ???
DER KEFERLOHER: Hast du aa Engerling ...
DER KASCHPER (grübelnd): Wie leicht konn oane an Keuchhuastn kriagn ...
DerAlisi: Hörst net auf, du Himmelherrg –
DER KASCHPER: Und hat koane Pulswärma und koane Strümpf net ...
DER ZWIESELHUEBER: Hört es?! Sssssss ... Dös san seine Engerling ...
DER KASCHPER: Aufm nakatn Bauch umanandkriacha – und liegn oft wo gspitzige Kieslstoa.
DER ALISI (drohend): Kaschper!!!
DER KASCHPER: Ih möcht koa hindianische Schlang net sei ...
DER ALISI: Hörst jetz net bald auf, du Malafiz –
DER KASCHPER: Net um 1000 Guldn möcht ih a –
  (Jetzt wird er mit vereinten Kräften verdroschen. Der Schützengraben verschwindet hinter dem Vorhang; Geschütze donnern in der Ferne.)

*
* *

Münchner Tankparade

Der Tank schnaubt an, rasselnd, quetschend, mahlend, qualmend, welthin riechbar. Die Menge steht in Staunen und auf Holzsohlen. Die Gespräche bringen Feldphantasieen unerhörter Art – aber dann gehen sie in's Bodenständige über und stellen den Tank in den modernen Münchner Verkehr ein.

DER HUBER ALISI (warnend): Für a Schnecknhäuserl därfst fei dees net anschaugn!

DER ZWIESELHUBER (gröhlt die Waffe an): Wüstahö! Hüah, du gußeiserner Engländer!

DER MAYRHOFER: Dees sag ih, daß die englischn Faker auch koan Haber mehr ham – sunst taatn s' eahnere Roß net beim Schlosser macha lass'n.

DER ZWIESELHUBER: An Krupp sei Kinderwagerl!

DER BOHNENBERGER: Schö' lang is 's, dees Wagerl. Solchane müaßt ma für d' Schwartlingsbrüder anschaffn, daß s' eahnern langa Wintersport neilegn könna, dee Schihanswurstn, dee traurign!

DIE ZEISLERIN (nachsinnierig): Mir taat er taugn, der Tank. Wann ih auf Plattling hinteri fahr in d' Oar und in's Schmalz – –

DER HINTEREDER: Moanst, ma kunnt eahm über sei amerikanische Goschn fahrn!

DER LUNGLMAYER (hört augenblicklich zu lachen auf. Einem mit einem einzigen Diebsgriff die Pointe von der Zunge zu stehlen!)

EINE DAME: Nein, dieses Gedränge! Schatz, nimm Du mein Handtäschchen an Dich.

DER SCHATZ (brummig): So gib schon her.
DIE DAME (entsetzt): Ich hab dir's doch in diesem Augenblick in die Hand gegeben!
DER SCHATZ: Du hast mir – –!?
DIE DAME (kreischt ahnungsvoll auf und starrt um sich).
EIN UNBEKANNTER (der das Kreischen nicht vertragen kann, entfernt sich).
EINE DICKE FRAU: Is eahna was gstohln worn?
EINE NOCH DICKERE FRAU: A Taschndiab! Polizei! A Taschndiab!
DER HINTEREDER (in aller Gemütlichkeit): Wann halt so a Gedruck und Gedräng is! Bazi gibt's überall. Vielleicht is der Raubmörder Städele – –
DIE DAME (kreischt noch einmal auf, viel, viel stärker).
DIE ZEISLERIN: Hast es ghört – da Raubmörder Städele!!
DER ZEISLER (stört wie ein wilder die Balance des Haufens): Wo is da Städele?! Der Himiherrgottsbazi, der mistige!
VIELE (schreien das Gleiche. Stilvolle Schieberei und Massenquetschung. Niemand achtet mehr des Tanks.)
DER ALTE HERR (sehr schwach): Holzabsätze! – Holz – – (bricht zusammen).
DER HUBER ALISI: Ham s' n derwischt, den Städele? Wart, Du Bazi, Du ölendiger!
DER ZEISLER (mit einem fröhlichen Zungenschnalzer zuvor): Und 's Gselchte hamstern, Alte! Und an Schmalzler därfst mir net vergessn, an Lotzbecker Bresül!
DIE ZEISLERIN (ernstlich brütend): Und kunnt koa Schadarm zu

mir sagn: »Sie Frau! Indem daß sie ein auffallendes Gepäck ham, Sie!«

DER ZEISLER (mit schmalzweichem Spott): »Sie mit Ihrem auffallenden Gepäck, Sie!!«

DIE ZEISLERIN: Zollt mir der Herr Schadarm mei Körberl visatiern, wenn ich in mein' Tank drinsitz!!

DER ZEISLER (inbrünstig): Vielleicht lauft uns oaner zu, a Tank! Als wia der fette Bernhardiner zuag'lauffn is – gel, Alte!

DIE ZEISLERIN (in schwelgender Betrachtung): Wann er mit seine Schadarmgriffl an mei eiserns Türl anklopft – da gibt's kein herein net und überhaupts nix.

DER ZEISLER (jubelnd): Auffischiaßn! Schiaßt auffi mit deiner Kanon! Schiaß, Alte, schiaß!

EIN ALTER HERR (sehr gütig): Sie hoppsen mit Ihren Holzabsätzen, verehrter Herr!

DER ZEISLER (dreht sich jäh um, aus allen Himmeln gerissen): Wer hoppst?! Was hoppst?! (drohend) Was Holzabsätz?

DER ALTE HERR (noch gütiger): Holzabsätze sind schmerzhaft, verehrter Herr.

DER ZEISLER: Deswegn brauchn S' mich net so gschwolln anredn! Hanswurscht, breissischer!
(Er steigt unwillig von den Stiefeln des alten Herrn herunter.)
San S' überhaupts froh, wann Ihnen koa Tank – –

DER ALTE HERR (nickt und ist froh).

DER LUNGLMAYER (schmunzelnd): So a Tank – – (Er platzt ein Lachen heraus, das ihn den Witz nicht beenden läßt).

Der Hintereder: Moanst net, Lunglmayer, daß dees a schöner Karrn waar für d' Malzschieberinnung!

Der Lunglmayer (lacht weiter; aber dem Hintereder wehrt er heftig ab – über Hinteredersche Witze mag er nicht lachen): Mit so an Tank – (Aber da geht ihm wieder das Zwerchfell mit den Gedanken durch).

Der Huber Alisi: Ma kunnt fei scho viel Verordnunga einstampfen mit so an Tank!

Der Bohnenberger: Und kunnt am G'setz schö ausweicha.

Der Mayrhofer: Die Parigraphn über'n Haufa steßn und z'sammafahrn.

Der Zeisler (sehr beifällig): Überhaupts!

Die Zeislerin: Oder wann ma so bedenkt, wann ma beim Dallarmi anstehn muaß auf a Packl Tabak. Mit an Tank gehat's vül schneller.

DerZeisler (finster): Einifahrn in d' Auslag und erst abbremsn im Vetschinikammerl.

Der Lunglmayer (ist wieder zu Atem gekommen): Wann ma mit so an Tank an Wilson – huhuhihihuuu!

Der Hintereder (sieht irgendwo Fäuste hämmern und drängt mit schweren Impulsen dem neuen Schauplatze zu).

Der Tank (stinkt beleidigt ab).

Eine Trambahnschaffnerin (nur sieht ihm sehnsüchtig nach). Wann sie halt bei der Trambahn auch die Tanks einführn täten! Brauchat ma gar koan Menschn mehr einsteign lassn. 's Eisentürl zua – besetzt!

Der Kunsthändler und der Sammler

Komödie auf das Jahr Neunzehnhundertachtzehn

Der Sammler (macht einen überraschenden Ausfall): Warum verlanga Sie an Eintritt, wann S' Bildl verkaufn wolln?!
Der Händler (ist nicht überrascht. Hat viel Neues, Kriegsläufiges gelernt. Ist immer bereit, dazulernen zu müssen. Nein, ist nicht überrascht. Gibt gemessene Auskunft.)
Der Sammler: So?? Aber Sie wern erlaubn, daß mir dös neu is. Der Konditer Teichlein verlangt koan Eintritt net.
Der Händler (zieht Bergleiche zwischen dem berühmten Konditor und der Galerie. Ladet abermals zur Besichtigung ein.)
Der Sammler (trocken, nie breitzuschlagen, stets Herr feines Privatwillens): Z'erst 's Gschäft, net wahr, nachat 's Vergnügen. – (Nimmt gleichwohl zuerst eine grandiose Prise Tabak.) – Also: Sie wern doch wissn, was füri Bildl daß S' ham, net wahr, und von wem daß s' gmalt san. – (Kläräugige Besichtigung des Händlers. Sammler entdeckt Verständnis. Dann unvermittelt): Ham S' an Rehbock mit zwoa Goaßn? Solln grad aus 'n Wald rausgeh und der Rehbock muaß d' Luser spitzn. Ham S' mih?
Der Händler (erschrickt. Hat keinen Rehbock mit zwei Gaißen.)
Der Sammler (geringschätzig): Was ham nachat Sie überhaupts?!
Der Händler (hat einen aus dem Wald tretenden Hirschen.)
Der Sammler (ungehalten): Ih hab koane Hirschn net auf meiner Jagd. Ih brauchat an Rehbock mit zwoa Goaßn. A starker Sechser sollt 's halt sei, schö perlt, und sollt vier Finger broat über d' Luser aufham. – Daß jetz Sie koan solchern net ham??
Der Händler (bedauert mit gemischter Höflichkeit.)
Der Sammler (grübelt in seine Tabaksdose hinein. Zauderndes Nasenfüttern. Gedächtnisschärfung. Neuer Gedanke): Gel, sie wissn doch die Nama von alle dene Maler, net?
Der Händler (bejaht, weiß alle Namen. Ist zu jeder Auskunft bereit.)
Der Sammler (denkt noch einmal kurz nach; dann plötzlich, wie aus dem Hinterhalt): Kenna S' vielleicht an gewissn Fecit?
Der Händler (wird blaß. Doch noch nicht genügend abgehärtet. Hat etwas Erstarrtes in den Mienen wie ein Überfallener. Stiert, glotzt.)

Der Sammler (spättisch): Deswegn brauchn S' mih net über 'n Haufn schaugn mit Eahnerer Brilln!
Der Händler (bestreitet, diese Absicht gehabt zu haben. Klagt über altes Leiden, das von Zeit zu Zeit – Anfälle – besonders in diesen Kriegsjahren – welchen Mahler der Herr gemeint habe??)
Der Sammler (liebt keine Wiederholungen; rauh): Fecit, hab ih gsagt!
Der Händler (wieder freier, händlerhaft geworden; nimmt tapfere Anläufe: nickt zweimal, dreimal sehr kräftig. Behauptet, einen gewissen Fecit zu haben.)
Der Sammler (glättet sein Gesicht wieder; gewinnt Vertrauen, offenbart sich): Wissen S', ih bin a Sammler.
Der Händler (sortiert Übelgefühle aus und antwortet mit Verbeugung. Erklärt, schon bemerkt zu haben, daß ... Fühlt sich geehrt. Hat viele Sammler zu Kunden. Zählt Namen auf, beginnt bei Grafen.)
Der Sammler (unterbricht schon bei Baronen. Geht in's gemütlich Bürgerliche über): Weil mei Alte sagt, daß mir noch über 'n Diwan a Bildl hinhänga müassn, wissn S'. Und ih möcht für mih extri oans über 'n Schreibtisch – an Diplomatnschreibtisch hab ih mir kauft, da soll 's a bißl dazua passn. Aber wann S' halt koan Rehbock net ham! – (Blick in die Tabaksdose. Prise. Plötzliche Begeisterung): Sie, dös waar fei a saubers Bildl über 'n Schreibtisch: wann er grad so aus 'n Wald kimmt, der Hallodri, mit seine zwoa Goaßn – der alt' Bazi – hahaha! – und spitzt seine Luser – – wissn S' es gwiß, daß S' koan' solchern net ham??
Der Händler (weiß es gewiß. Leider, leider. Mit Kummer im Gesicht.)
Der Sammler (tröstend): No ja, konn ma nix macha. – Also, was ih sagn will, wegn dem gewissn Fecit, net wahr, also, da bin ih fei billig dazua kemma. Indem daß mei Frisehr allweil Bildl handlt, und da hängt also grad über dem Spiagl, da wo er mih rasirt, da hängt also dös Bildl:, a Auerhahn, wiar a grad balzt. A Teuflsviech mit a paar Schwoaffedern, wie da Graf Arco auf der Jagdausstellung – wern Eahna scho erinnern, net – kurz und guat: ih kauf den Vogl. Sagt mei Frisehr – – – ham S' scho wieder Eahnern Anfall?

DER HÄNDLER (leise nachstöhnend): Schon wieder vorüber ...
DER SAMMLER: Sagt er also: Da untn im Eck, da steht 's, wer döz Bildl gmalt hat, also der Nama von dem Herrn Kunstmaler, net wahr. Is scho recht, sag ih und nimm mei Bildl mit, wern ma's scho kriagn. Und dahoam, da schaug ih also nach – hoaßt er: Adam Fecit – – – (Blick auf Händler; Unterbrechung; besorgter Ton): Sie, legn S' Eahna liaba in's Bett!
DER HÄNDLER (schwach, aber mit Heroismus): Später, später.
DER SAMMLER (Nimmt seinen Faden wieder auf): Jetz hab ih mih natürlih interessiert, geh derer Gschicht nach, stellt sih raus, san guate, brave Münchner Bürgersleut – möcht ma dös glaubn?!
DER HÄNDLER (übt Bewegungen, die von Kopfschütteln zu Nikken wechseln.)
DER SAMMLER (gut gelaunt, mitteilungsfreudig): Und möcht ma dös glaubn, daß der Vater und der Großvater aa scho Maler gwesn san?!

Der Händler (jovial, fast nett; Zuvorkommenheit mit abgetönter Herablassung; brillenfunkelnd, doppelscharfsichtig, schrecklich erfahren.)
Der Sammler (wackeres Embonpoint, brustwärts durch Scheckbuch betont; mit gelegentlicher Grobheit bewaffnete Hilflosigkeit; Mensch der neuen Zeit; von teurem Schneider herausgearbeitet.)
Der Händler: Vielleicht sehen Sie sich zuvor die Galerie an? Und d' Söhn wieder und jetz passn S' auf: Tochter aa!!
Der Händler (nickt melancholisch)
Der Sammler (meditierend): Warum soll s' net Maler worn sei, net wahr? Wann d' Herrn Eltern nix dagegn ham, net wahr!
Der Händler (sucht den Erzählungsschluß herbeizuführen. Erklärt, die Familie Adam zu kennen. Natürlich.)
Der Sammler: Ja, ham alle den gleichen Vornama. Siebn hab ih jetz. Aber jetz wird fei erst recht gsammlt!
Der Händler (ist wieder erquickter. Pflichtet sehr bei. Meint: nur nicht auslassen. Kapitalsanlage. Zukunftswerte.)
Der Sammler (plötzlich, wie aus einen Hinterhalt): Was is 's – ham Sie nachat an Fecit?
Der Händler (ist nun weitaus besser vor bereitet. Hat schon spekulative Erwägungen gepflogen – ältere akademische Schule mit sauberen Monogrammen: Meyer fecit, Huber fecit. Jawohl, hat Fecit's. Nimmt seinen Mann mit ganzer Brillenschärfe in letzte Musterung, nickt, ladet ein, Fecit's zu sehen.)
Der Sammler (ist sehr erfreut; findet den Händler immer gewinnender. Sagt in herzlichem Ton): Wissn S', bei der Handlschaft muaß ma anander versteh. (Geht in's Vertrauliche über, bietet Prise an.)
Der Händler (Nimmt auch diese Prüfung hin. Erste Prise seines Lebens. Vermittelt sie ohne Betrug der Nase. Niest entsprechend, minutenlang.)
Der Sammler (patscht ihm familiär den Rücken): Werd Eahna gut toa bei Eahnerne Anfäll. Dös hilft der Mutter vom Kind. – Führn S'n aa, an Lotzbecker?
Der Händler (gequält): Sagten Sie nicht zuvor: Adam?!
Der Sammler (muß ein furchtbares Lachen herausprusten): Guat – Herrgottsaxn – ha ha ha ho ho ho hooo – ja, was is dös – ho ho ho ho – Sie san guat – ho ooo – (Hustenpause, Schnaufpause,

Lachpause), – – ja, was is dös – ja, da Lotzbecker – a Maler – hu hu hu hu huuu – hin kunntst wern vor lauter – ho ho hooo – entschuldign scho, gel – aber da Lotzbecker – hu hu hu hu – Sie, der is ja – ho ho ho – gel, entschuldign S' – der Baron Lotzbeck, net wahr – hu hu – der wo die berühmten Bresiltawakfabrikn – au, sag ih – mei Bauch – gel, nix für unguat – ahhh – aber wann sie moana hu hu hu huuu – a Maler – – (große Erschöpfung des Sammlers).

DER HÄNDLER (fleht den einschlägigen alttestamentarischen Gott um Rache an. Macht seinerseits Gelübde des Zorns. Ruft Fräulein Meyer. Sagt leise): Den Schlüssel in die – in die – Schrekkenskammer.

FRÄULEIN MEYER (lächelt, läuft, bringt. Meldet Vorfall an Kollegin und Kassendame. Gemeinsame Besichtigung des für Schreckenskammer bestimmten Ungeheuers. Klassifizierung des Mannes: handgemalter Kitschschieber. Freude in den Hallen.)

DER SAMMLER (geht in's Verderben, lächelnd, rosige Unschuld.)

DER HÄNDLER (nach ihm. Zögernd, mit seelischen Hühneraugen. Preßt Hand auf's Herz. Schreit inwendig auf. Ruft wieder den Gott der Rache. Sammelt Atem, Mut.)

DER SAMMLER (streift Wände flüchtig mit Augen. Beugt sich plötzlich, sieht in linke untere Ecken der Bilder, sieht in rechte untere Ecken. Geht plötzlich wieder hoch, wie ein Hupfaufmanderl, sagt anerkennend, warmtönig): Da ham ma's ja!

DER HÄNDLER (nickt. Sieht Erwartungen erfüllt. Muß aber mit glasigen Augen ins Leere starren. Repetiert innerlich): Da ham ma's ja.

DER SAMMLER (gibt sein Geheimnis preis): Da schaug ih allaweil z'erst hin, wegn die Nama. Ih kauf koa Katz im Sack. (Schmunzelt zufrieden, bückt sich fleißig, beäugt wieder Bildecken, brummt freudig, richtet sich endgültig auf. Sieht nach, was die Bilder erzählen. Leda mit dem Schwan – Franz Xaver Kuppelwieser fecit. Sammler muß Händler verstehend anschmunzeln.)

DER HÄNDLER (nickend): Da ham ma's ja. (Sehr leise gemurmelt.)

DER SAMMLER (bestaunt Elfenreigen – Sebastian Schallenkammer fecit. Findet:) das Fleischerl saftig. (Napoleon in Doncherry – Vitus Schreyögg fecit). Hat's dih derwischt, alter Franzosnbazi! – – Taatn mir alle drei gfalln (sagt der Sammler).

DER HÄNDLER (hat Nickkrampf. Bekundet mit wortlosem Schnauben Geschmacksteilnahme. Möchte alle drei Bilder hergeben. Repetiert wie oben): Da ham ma's ja.

DER SAMMLER (in verliebter Wahl. Sagt anerkennend): San scho Luader, die Fecit!

DER HÄNDLER (Beifall mit Zungenlähmung. Memoriert Paraphrasen): Da ham ma's ja, ja, da ham ma's. Oh ja. Oh!

DER S AMMLER: Ih wer doch dös Mittlere nehma. Dö Maderl mit die Flügerl, wo tanzn. Moana S' net aa? (Prise. Noch einmal Prise. Entschluß): Wickln S' es mir guat ei und schickn S'es mit der Rechnung. Prinzregentßnstraß 114 im erstn Stock. Wissn S', parterr, da hab ih mein Hausmoaster drin. Ih wohn im erstn Stock, net wahr. Adjes, Herr Kunsthandler. (Im Abgehen mit feinem Vorwurf): wann S' halt an Bock mit zwoa Goaßn ...

DER HÄNDLER (stiert ihm nach. Memoriert): Da ham ma's ja. Ja, da ham ma's. O ja. Ja. (Bricht zusammen.)

Der arme Buchhändler und der reiche Mann

Der reiche Mann (tritt in den Buchladen, zögernd, mit Mißtrauen: wie man in Geschäfte tritt, die das Publikum nicht durch Polonäsen begönnert).

Der arme Buchhändler (verbeugt sich; devotissime: denn der reiche Mann betont sich durch einen Kopf, der unter Umgehung der Höchstpreise schwammig geworden ist).

Der Buchhändler (denkt viel und sagt wenig): Womit kann ich dienen?

Der reiche Mann: Sie, was kost'n denn jetz' d' Klassiker?

Der Buchhändler (benimmt sich gefaßt und versucht aufklärend zu wirken. Spricht von Ledereinbänden, Inselausgaben und Zweifäusterpressen).

Der reiche Mann (lehnt das Gespräch mit rudernden Armen ab. Geht in media res): Die Stellasch, net wahr, hat a Höchn von zwoa Meter achzig. In der Breitn guatding an Meter sechzig. Ih Hab an Schreiner gsagt, es därfn net mehr als wia fünf Fächer neigmacht wern – (erbost) – *siebne* macht er nei!

Der Buchhändler (zeigt sich sichtlich erschüttert. Erwidert in einem hölzernen und geistesabwesenden Ton): Und diese sieben Fächer sollen vermutlich gefüllt werden?

Der reiche Mann: Natürli. Was will ma denn jetz macha. Jetz san s' halt da, die siebn Fächer.

Der Buch Händler (monoton, leidvoll, wie innerlich getreten): Klassiker also ...

Der reiche Mann (ärgert sich; mit brillantem Hohn): Muaß ih Eahna vielleicht z'erst an Bezugsschein zoagn für Eahnere windign Büachln!?

Der Buchhändler (tut sein Möglichstes, an dem Witz Gefallen zu finden. Geht ins Geschäftliche über): Goethe, Schiller, nicht wahr?

Der reiche Mann (brummig): Mei Alte hat halt gmoant: was die vieln Büachl san, wo alle gleich ausschaugn, net wahr, und hintn steht der Nama drauf und der Nummerer. Die Klassiker halt.

Der Buchhändler (mit leerem Blick): Ja ja, ja ja ...

Der reiche Mann (unwirsch drängend): Und die Stellasch is also guatding an Meter sechzig broat und siebn Fächer san's, weil

der saudumm Schreiner ... In die zwoa oberen will mei Alte 's Eingmachte neistelln, die müassn S' abziehgn. Bleibn noch fünfmal oans sechzig, net wahr, san acht Meter nach Adam Riese. A bißl was ham ma scho dafür, von meiner Alten die vier Gebetbüachl, von mir zwoa, und 's Goffine und die Böhmische Köchin und mein Feuerwehrgsangsbüachl – dös muaß alles in Berechnung zogn wern bei die Klassiker.

DER BUCHHÄNDLER (zeigt sich abermals erschüttert. Hat außerdem das Angstgefühl, als ob die Einmachtöpfe des reichen Mannes aus den erwähnten zwei Fächern auf seinen Kopf zu fallen drohen samt einem Kochbuch und anderer Literatur. Hört auch Choräle aus einem Feuerwehrliederbuch und versagt plötzlich sprachlich völlig).

DER REICHE MANN (sucht nach bürgerlichen, aufweckenden Worten): Sie, muaß ma bei Eahna an Kniafall macha, wenn man Büachl ham möcht?!

Der Buchhändler (rappelt sich zu hastigen Worten auf): Goethe, Schiller, Klopstock, Lessing, Heine. Lenau, Eichendorff (bleibt stecken).

Der reiche Mann (genügsam): Die Speiskartn is mir z' lang.

Der Buchhändler (haspelt weiter): Wieland, Uhland, Uleist, Grabbe, Hebbel, Immermann.

Der reicheMann (erbost): Wann ih Eahna sag, daß ma net ganz acht Meter ham! 's Eingmachte müassn S' abziahgn!

Der Buchhändler (wehrt ab): Rückert, Mathisson, Platen, Geibel, Jean Paul ...

Der reiche Mann (plötzlich interessiert): Vom Ganghofer schnaufn S' nix!?

Der Buchhändler (mit rasender Zunge): Shakespeare, Byron, Dickens ...

Der reiche Mann (ist nun an der Reihe, verwirrt zu werden): Was kost' nachat dös alles??

DerBuchhändler (rachsüchtig): Cervantes, Calderon, Moliere ...

Der reiche Mann (schreiend): Sie müassn doch wissen, was die Klassiker kostn?!

Der Buchhändler (mit reinster Schadenfreude): Dante, Petrarca, Manzoni ...

Der reiche Mann (höhnisch): Ih wer derweil a Bittsuach schreibn: Bitt gar schö, Herr Buachhändler, was kostn nachat (mit wütendem Satzschluß) Eahnere damischn Klassiker?!

Der Buchhändler (kehrt in die Wirklichkeit zurück. Spricht wieder von Ausstattung und Einbänden, Hesse und Becker, Insel, Hallenser Ausgaben, Grotzherzoglich Hessische ...).

Der reiche Mann (vermißt in diesem Drumrumreden die geschäftliche Ehrlichkeit. Wütet): Sie müassn doch wissen, was Eahner Glump kost'!? Für was ha ma denn die Höchstpreis!?

Der Buchhändler (will mit beiden Händen die Ohren schützen): Wie??

Der reiche Mann (mit prachtvollem Hohn): Ham Sie's vielleicht net in der Zeitung glesn, zweng die Höchstpreis??! (Gehässig): Sie Freimaurer, Sie!

Der Buchhändler (großäugig, belämmert, knieknaxend): Wie?

DER REICHE MANN (fühlt sich schutzlos; in brüllender Selbsthilfe):
Ob's vielleicht für die Klassiker koane Höchstpreis net gibt?!

DER BUCHHÄNDLER (gebrochen, erschlagen): Höchst ...
DER REICHE MANN (greift an die Türklinke. Nickt bitter, um eine
  Erfahrung reicher. Geht, will sich nicht herumstreiten. Nur ein
  kurzes, allerletztes): Sie Leutbetrüager, Sie!!
DER BUCHHÄNDLER (ringt die Hände): Lieber Gott, lieber Gott,
  lieber Gott ...

DER BERÜHMTE PSYCHIATER: Sonderbar, sonderbar – der dritte
  Buchhändler heute!

*
* *

Kasperl in Neutralien

Personen:

Kasperl Larifari, Diener des baiyubarischen Gesandten.
Lord Semmelbrösel.
Sir Lugenshippel.
Marchese di Aderlumpi.
Vicomte de Salvarsan.
Baron Hatsitsuma.
Signore Spaghetti Gummielasti, Kellner im Hotel Bygotter van den Margarinen.

Spielt in einem Hotelzimmer.

GUMMIELASTI: Der Signore Mylordo komm Sie gleik. Signore Gasparre will sie bissel wart. Wünsch Sie was ssu ess, ssu trink?
KASPERL (würdevoll): Will sie, will sie. Will sie zehn Maß Bier und fufzig Bratwürst. Will sie zwanzg Leberknödl und a bisserl a Kraut. Aber presto, Herr Signore, daß ih Dir Deine italienischn Ohrwaschl net ausreiß!
GUMMIELASTI (abeilend): Sisi, Signore, prestissimo.
KASPERL (setzt sich an den Tisch): Eine Freundlichkeit ham dir die Leut in Neutralien! Jedn Tag werd ih zum Essn und Trinkn eingladn. Mit siebn italienischn Grafn hab ih schon Bruderschaft trinkn müssn, der Lord Semmlbrösl is mir schon zweimal um an Hals gfalln, der Sir Lugenshippl will mih mit einer amerikanischn Millionärstochter verheiratn; wenn ih zum Baron Hatsitsuma sag: Du alter Bazi, dann lacht er übers ganze Gsicht vor lauter Freud; und a büldsaubere französische Schansanett hat mih zu einem Randevuzerl eingladn – wann ih komm, hat s' mir gschriebn, wer ih vier Pfund Schnupftabak unter ihrm Kopfkissn findn; und a portugiesischer Herr Zavalier hat mir a goldne Uhr versprochn, weil mir mei silberne fehlt, seit ih 's letztemal bei ihm war. – Na, was 's da feine Leut gibt in Neutralien! So a Freundlichkeit! Und Niemand will was von mir: nur a bisserl erzähln, a bisserl ratschn. Ih glaub, daß ih schon recht schön lügn kann, weil 's ihnen gar so gfallt – – – psssst!
GUMMIELASTI (kommt mit Speisen und Bier; während er abgeht, erscheinen)
LORD SEMMELBRÖSEL und SIR LUGENSHIPPEL.
LORD SEMMELBRÖSEL (mit großer Herzlichkeit): Ei, mein lieber

Herr Kaspar! Wie geht es Ihnen denn? Was macht Ihre treffliche Laune?

KASPERL: Aha, die täten S' brauchn!

LUGENSHIPPEL: Jaja, diese Zeiten! Der Krieg! Und kein Ende!

KASPERL: Hätt's net angfangen. Wer Aa sagt, muß auch Bebe machn.

SEMMELBRÖSEL: Nun will uns ja Dein Kaiser wieder einmal Frieden anbieten.

KASPERL (während er gewaltig ißt und trinkt): Hieb anbieten. Jaja. Nesnes. Wuiwui.

LUGENSHIPPEL: Das linke Rheinufer – –

KASPERL (mit einem Knödel im Mund; wehrt mit den Händen kräftig ab und strampelt mit den Beinen. Dann wieder bei Luft): Pssst! Pssst! San die Fenster zu? Kann niemand horchn? (Während Semmelbrösel und Lugenshippel die beiden Fenster untersuchen, springt Kasperl nach der Tür und macht sie so rasch auf, daß der Marchese di Aderlumpi ins Zimmer stürzt.) Ah, habe die

Ehre, Herr Horchpostn! Falsche Tür derwischt?? Guat (er wirft ihn an die Tür des gegenüberliegenden Hotelzimmers), vielleicht ham S' da hineinwolln. (Tür zu.) Ahhh! A bisserl Bewegung muaß der Mensch ham.
SEMMELBRÖSEL: Sie wollten uns doch erzählen –
KASPERL (geheimnisvoll): Wegen dem linken Rheinufer – – wenn Ihr da noch a bißl wartn täts! Kriegts mehr! Mehr! (Er beschäftigt sich wieder mit seinen Leberknödeln.)
LUGENSHIPPEL (hat sich eine Notiz auf die Manschette geschrieben): Lieber Kaspar – –
KASPERL (mit vollem Mund): Rann sich auch noch ein Reinfall dazuschlagn! Ein Reinfall!
SEMMELBRÖSEL (aufgeregt): Hat Ihr Gesandter – ?
KASPERL (aufspringend): Pssst! Pssst! (Er springt wieder an die Tür, öffnet sie und haut dem Signore Gummielasti ein Paar herunter.) Strengstes Pssst! Ihr müßt Euern Reinfall ham, Ihr

Englischn, hat er gsagt. Verstandn? Komprah? (flüsternd): Und vielleicht schaugt auch noch a Monopol für euch heraus, auf'n Leberkaas.
SIR LUGENSHIPPEL (kritzelnd): Es sind deutsche Agenten hier angekommen – –
KASPERL (winkt ihm ab, während er heftig ißt und trinkt; endlich hat er wieder die Zunge frei): Woaß scho, woaß alles. (Ißt weiter.)

SEMMELBRÖSEL: Unterhändler – –
KASPERL (nickend): Unterernährte. Mei Gretl is Hilfsbillettlmadam auf'n Münchner Bahnhof – hat mir 's scho gschriebn. (Im Flüsterton): Der Doktor Quiddinger, hat s' g'schriebn, is ihr beste Kundschaft. Der roast umanand wie der Floh im Hemad.
LUGENSHIPPEL (emsig auf seiner Manschette stenographierend): Wie der – wie hieß der andere Herr?
KASPERL (murmelt etwas mit vollem Mund).
SEMMELBRÖSEL: Und was erzählt man von den Herren?
KASPERL: Pssst! Pssst! (Er springt wieder an die Tür und reißt sie jäh auf – man sieht den Vicomte de Salvarsan zurückspringen und hört dann das Geräusch schallender Ohrfeigen. Kasperl, während er die Türe schließt: Beehr'n S' mih wieder, Herr Viechkommt und empfehln S' mih bei Bekanntn und Verwandtn. (Setzt sich wieder und hat große Eile, den Rest des Mahles zu vertilgen. Dann wieder sehr geheimnisvoll): Sie, da wern Ihnen fein Gschichte'n erzählt! Ahhh! Letzthin hat's gleich gar gheißn – – na, so was verzählt der Kasperl net weiter!
SEMMELBRÖSEL (schreibt einen Scheck). Aber lieber Herr Kaspar, wenn ich sie nun recht herzlich bitte! Aus alter Freundschaft!
KASPERL (schielt in das Scheckbuch): Na, was Sie für nette Nullerl machn können! So rund und liab!
SEMMELBRÖSEL (macht um eine Null mehr): Darf ich sie Ihnen zum Andenken überreichen? (Gibt ihm den Scheck.)
KASPERL (steckt ihn ein; dann wieder geheimnisvoll): Und da ham s' also daheim – von dene Friednsreisndn, net wahr – da ham s' also g'sagt – die wo also so umeinandhupf'n tun, net wahr – im Ausland so halbquasi – überhaupts über die Grenz (er sieht plötzlich dem Sir Lugenshippel auf die Manschette) kommen S' denn mit, wann ih so schnell red'!?
LUGENSHIPPEL (läßt den Bleistift verschwinden): Aber lieber Herr Kaspar, mir fiel eben ein – eine Notiz für meine Wäscherin –
KASPERL: Freilih, freilih. Wegen der Portoersparnis. – Alssso die Geschicht is die, daß jetzt schon a paar von der hoaßn Friednsarbeit heimkommen sin und – pssst – und – net wahr, wo doch die Frau und die liebn Kindl am Bahnhof gwart' ham – und

ham aber für die wertn Herrn Angehörign koa Minutn Zeit net ghabt – sondern gleih – (Er trinkt einen festen Schluck.)
SEMMELBRÖSEL (aufs höchste erregt): Was gleich, lieber Herr Kaspar?!
KASPERL: Gleih und auf der Stell, net wahr – psssssst! pssst! (Er springt wieder auf, eilt mit seinem Maßkrug an die Tür und wirft ihn dem davoneilenden Baron Hatsitsuma nach; kehrt wieder gemütlich zurück.)
LUGENSHIPPEL (nervös): Aber lieber her Kaspar!

KASPERL (grob): Ih werd doch noch einen liabn Besuch empfangen därffn! – Aber was ih sagn will: also gleih auf der Stöll und grad pressant und wia der Blitz sind s' also – diese Herrn Friedensreisenden – sind s' also auf die Bahnhofswag.
SEMMELBRÖSEL (verblüfft): Wie??
KASPERL (ärgerlich): No ja, er will doch wissn, wiavül daß er zuagnommen hat beim Friednshandl, net wahr. Zum Beispiel der berühmte Abgeordnete Schneeberger, der hat jetzt mehrer Lebendgewicht als wia im Friedn, daweil hat er seiner Altn noch vier Taferl Schukalad, an Eisbeutel aus Gummi und zwoa Pfund Gselchts mitbracht!! (Trinkt heftig.)
LUGENSHIPPEL (verärgert): Aber lieber Herr Kaspar, das alles ist doch ganz unineressant!
KASPERL (erbost): Was is dös?? Wann einem alleweil die Spion auf der Nasn sitzen! Jetzt zum Beispiel (er rennt nach der Türe und

reißt sie auf; dann höchlichst verwundert): Ja, wo ist den mei Portugieserl!? Ja, was waar denn net dös!? Was moant denn der Spitzbuab, der malefizische – wann ich zuahaun möcht und er is net da!!! (Er geht erregt im Zimmer auf und ab.)
SEMMELBRÖSEL: Aber lieber Herr Kaspar!
KASPERL: Da Teufl is eahner lieber Herr Kasperl – aber net ih! Bewegung will ih ham, Bewegung! Zuhaun!!! (Er prügelt den Lord Semmelbrösel und den Sir Lugenshippel zur Tür hinaus.)

Vorhang

Der Zaun

Der Verfasser nimmt sich das Recht, dieses Stück die Perle der Alpenhochgebirgsvolksstücke zu nennen und empfiehlt es allen böhmischen Wanderbühnen, die über einen echten Gartenzaun verfügen, den das Schicksal hier in den Mittelpunkt der dramatischen Ereignisse gestellt hat.

Ferner sind ein echtes Alpenglühen, ein Hüterbubenjodler und Kuhglockengeläute unerläßliche Bestandteile der Aufführung.

Benebst einem kräftigen Vaterfluch, den aber der Verfasser aus Anstandsgründen wieder zurückgenommen wissen will.

Das Stück spielt um halb sechs in der Früh, in Gegenden, in denen die deutsche Sommerzeit noch nicht eingeführt ist, eine Stunde später. Vielleicht stellt ein Herr aus dem Publikum eine richtig gehende Uhr zur Verfügung.

Die Darsteller:

Der Hahnawachlbauer vom Gocklhof, der reichste Mann im Dorf. Hat indessen einen etwas unwirschen und gewalttätigen Charakter.

Der Wastl, sein Sohn und Erbe. Er ist natürlich blauäugig und hat ein sehr schönes blondes Bärtchen. Das schief gesetzte Hütchen zeigt ihn als einen kühnen Burschen an.

Der Langdamalenz vom Sunnwendhof, der zweitreichste Bauer im Dorfe; er hat einen ausgeprägt milden Charakter und eine angenehm ölige Stimme. Das Publikum muß aus seiner Art hoffen, daß es doch nicht zum Totschlag kommt.

Miadei, seine Tochter. Sie ist schöner, als man sie malen kann. Es soll möglichst eine Darstellerin ohne Kropf gewählt werden. Vereinsbühnen brauchen sich an diese Vorschriften des Verfassers nicht binden.

DER HAHNAWACHLBAUER (tritt in seinen Garten, saugt nachdenklich an seiner Pfeife, schüttelt wiederholt den Kopf um das Publikum auf ein gesteigertes Innenleben aufmerksam zu machen): Ih woaß net, was mir aso im Kopf umanand geht! Traamt hab ih die ganze Nacht so schwaar und mei Ahndl selber

is mir im Traam vürkemma. (Spuckt kräftig aus.) Sell hat nix guats zu bedeutn! Und der Totnvogl hat gschrien, wia daß ih auf 's Häusl ganga bin – sell hat erst recht nix guats zu bedeutn!

(Er sieht sich auf seinem Grundstück um und entdeckt plötzlich, daß sein Zaun niedergebrochen ist. Wilder Aufschrei hier unerläßlich.Ah – alle guatn Geister! Was sieh ih!? Was muaß ih sehgn! Mei Zaun! Mei Zaun!! Mei Zaun!!! (Je mehr Ausrufezeichen, desto lauter.) Niederbrochn is er! Hin is er! Und hat dreißg Jahr lang sein Dienst to! (Jetzt recht laut, am besten mit Gebrüll.) Wer hat dös to!? Wer is dös gwen!? Derwürg'n tua ih

'n mit meine eigna Händ, derstechn tua ih 'n, den Hundsbazi, sei Haus zünd ih eahm o! (Jetzt rennt er auf der Bühne auf und ab, daß das Publikum glaubt, er läuft schon nach Dolch und Schwefelhölzchen.)
DER LANGDAMALENZ VOM SUNNWENDHOF (wird unmerklich vom Schicksal in die Katastrophe geführt; er hängt augenblicklich seinen tröstlichen Ton ein und fällt durch triefendes Gemüt angenehm auf): Was schreist denn aso, daß ma 's bis zu die

oberstn Sennhüttn auffihört!? Was fluachst denn aso, daß 's a Sünd und a Schand is!? (Vielleicht fallen dem Darsteller bei dieser Gelegenheit noch ein paar recht bewährte Sprüche ein. Es kann gar nicht genug Erbauliches in den Volksstücken gesagt werden – jedenfalls meinen wärmsten Dank für solche Unterstützungen zuvor!)

DER HAHNAWACHLBAUER (wie ein ganz schwarzer, unbeirrbarer Bösewicht): Ha! Ha! Dös is a Zeichn vom Himmi! Du kimmst mir zu allererst in' Weg, Langdamalenz vom Sunnwendhof – du bist es gwesn! Du hast es to! Recht feierlich, zum Gefrieren düster.)

DER LANGDAMALENZ (fromm, bieder, taubensanft und ahnungslos): Hahnawachlbauer vom Gocklhof, was soll ih to ham? (macht ganz klare Augen und erweckt überhaupt den Eindruck eines braven Lamperls.) Frei wia die Berg und klar wia der See is mei Gwissn. (Die Sprüchlein alle sehr langsam; auch muß sich der Darsteller hiebei dem Publikum zuwenden.) Schau mir in meine treu'n Augn, die wo so tief san als wia der Alpnsee und

so rein als wia der Schnee auf die Berg, und nachat werst selber sagn: da Langdamalenz vom Sunnwendhof is a rechtschaffener Mo.

DER HAHNAWACHLBAUER (welcher ein Wüterich ist und bleibt und flegelhafterweise nie auf den schönen Erbauungston des Volksstückes eingeht): An Dreck! Du hast mir die Schand oto! (Nicht wie Otto aussprechen – das Wort heißt eigentlich: angetan) Du hast mein' Zaun – – –

DER LANGDAMALENZ (erstaunt): Dein Zaun?? (er schaut sehr lange umher, bis er endlich den niedergebrochenen Zaun sieht; am besten wär's, wenn er alles andere ansieht, nur nicht den Zaun, bis ihn etwa jemand aus dem Volke darauf aufmerksam macht): Ohhhh! (Jetzt muß er natürlich sehr erstaunt sein,

dann erschrecken, die Hände hochwerfen. Mit irren Augen und belämmerter Zunge) Dei Zaun!! Hin is er!
DER HAHNAWACHLBAUER (drohend, gräßlich schreiend): Gel, du erschrickst! Warum!???
DER LANGDAMALENZ (wieder gefaßt, mild und resigniert): Ja, ih derschrick! (Jetzt schnell sich dem Publikum zudrehen; jetzt wird 's interessant.) Mei Ahndl hat mir's amal prophezeit, wia

daß sich 's ghört in an schön' Volksstück: (kleine Pause, das Publikum muß ein bißl gemartert werden) wann der Zaun nimmer steht zwischn dem Gocklhof und dem Sunnwendhof, hat s' prophezeit (mit erhobener Stimme), na is 's mit der Freundschaft zwischn die beidn Höf aa nix mehr. Recht hat s' ghabt.

(Er dreht sich wieder ein wenig dem Hahnawachl zu): Ih siehg 's, du bist mei Freund net mehr – du trittst mir entgegn wiar a Feind. (Muß ganz traurig gesagt werden, gut gerührt und mit ein paar Tränen zwischen den Worten; säh' auch gut aus, wenn der Langdamalenz das Schneuztüchl in Bewegung setzen würde. Auch mit der Stimm' ein bißl glucksen.)

DER HAHNAWACHLBAUER (grimmig lachend): Aha, steht dir 's Bluat still, wannst mih nur grad siehgst!? Verspürst den Zaun, den wost auf dein' Gwissn hast! (jammernd) Mein Zaun! Mein Zaun!
DER LANGDAMALENZ (langsam muß sich der ehrliche Mann aufregen): Mach mih net wild, sag ih dir! Ih hab dein' Zaun net am Gwissn! (Wendet sich wieder dem Publikum zu.) Schau mir in meine treuen Augen – –

WASTL (macht es ebenso): Vata! Vata! (Dem muß man's extra sagen, daß er keine dummen Geschichten macht.)
DER HAHNAWACHLBAUER (zu seinem Sohn): Laß mih aus – ih muaß an Langdamalenz vom Sunnwendhof umbringa!
DER LANGDAMALENZ (zu seiner Tochter): Laß mih aa aus, ih muaß an Hahnawachlbauern vom Gocklhof umbringa!
MIADEI (hochdramatisch, mit flehender Stimme, ein bißl zum Publikum gewandt, daß man sie gut versteht): Vata, tua deine Händ net mit Bluat befleckn!
WASTL (noch viel hochdramatischer): Ih waar aa dagegn, Vater!
DER HAHNAWACHLBAUER: Halt mih net zruck – – siehgst es denn net!?
WASTL: Was denn?
DER LANGDAMALENZ (erstaunt): Jeh, der siehgt's gar net!
MIADEI (hat auch lang umeinanderschauen müssen, bis sie den Zaun entdeckt, aber dann holt sie 's durch verstärkten Schrekken nach): Ja, was siehg ih – – Wastl!!
WASTL: Was denn, Miadei??
MIADEI (stöhnend): Der Zaun! Der Zaun!
ALLE (dumpf): Der Zaun! Der Zaun!
WASTL (schlägt erschüttert die Hände überm Kopf zusammen):

Der Zaun! (Pause, wobei dem Publikum wieder Angst gemacht wird, kann auch noch niemand klar erkennen, wie die Geschichte nausgeht; vielleicht ganz bös.)

WASTL (plötzlich): Vata – mih – mih druckt was – –

DER HAHNAWACHLBAUER (empört): Was? Mein' Buam, den Suhn von dem schwaarreichen Hahnawachlbauern vom Gocklhof druckt was??

WASTL (gebrochen): Vata, ih woaß was von dem Zaun!

MIADEI (schmiegt sich geschämig an ihren Vater, am besten nimmt sie dabei das Fürtuch vor die Augen): Vata, mih druckt aa was!

DER LANGDAMALENZ (sehr erschüttert): Was? Du woaßt aa was von dem Zaun?

DER HAHNAWACHLBAUER (dumpf): Alle zwoa wissn s' was von dem Zaun!

WASTL: Vater, ih muaß dir 's sagn, ih bin schuld dro, daß der Zaun umgfalln is!

MIADEI: Vater, ih muaß dir 's aa sagn, ih bin heunt nacht an dem Zaun gstandn – –

WASTL: Ja, 's Miadei – und da Vollmond hat glanzt – –

MIADEI: Und d' Nachtigall hat so schö gschlagn – –

WASTL: Und überhaupts – –
MIADEI: Und nachat is an Hahnawachlbauern sei Bua dazuakemma – – (Soll jetzt wieder recht geschämig die Schürze vor die Augen schlagen.)
WASTL: Ja. Und hab mih aa an den Zaun hingloahnt zu dem Madl – –
MIADEI: Und ih hab mih an Wastl ogloahnt.
DER LANGDAMALENZ (erstaunt): Alle zwoa habts enk ongloahnt an den Zaun??
DER HAHNAWACHLBAUER (zornig): Dös halt ja der stärkste Zaun net aus!
MIADEI (schluchzend): Hat er aa net ausghaltn.
WASTL (reuig): Auf oamal hat er 's Wackln ongfangt – –
DER LANGDAMALENZ: Gwacklt hat er??
DER HAHNAWACHLBAUER: Mei Zaun! Mei schöner Zaun hat gwacklt!!
WASTL (dumpf, wie aus einem alten Grab heraus): Ja, und nachat is 's gschehgn – nachat is er zsammabrocha.
DER HAHNAWACHLBAUER (in aufflammendem Zorn): Bua, geh mir aus die Aug'n! Mein Fluach!

WASTL (in tiefster Herzensangst): Vater, fluach mir net!!
MIADEI (mit einem Aufschrei): Hahnawachlbauer vom Gocklhof!
DER HAHNAWACHLBAUER: Laß mih – ih muaß fluacha – in die ältestn Bauernstück hab ih scho – –
DER LANGDAMALENZ: Geh, Hahnawachlbauer, tua dei Gwissn net mit derer Sünd beschwern!
WASTL (schmalzweich): Vater, siehgst es denn net, daß dös a Zeichn vom Himmi is! Der Zaun is umgfalln, der wo unsere Höf vonanander trennt hat, und jetzt trennt uns nix mehr. – – (Noch viel schmalzweicher) Vater, gebts uns zsamm!
MIADEI (kniet auf den Boden; jetzt wär's schon recht hübsch, wenn ein Sonnenstrahl auf ihr Gesicht fallen würde): Ja, Vater gebts uns zsamm!
DER HAHNAWACHLBAUER: (überlegend; er ist halt doch kein gar so böser nicht): Was moanst, Langdamalenz vom Sunnwendhof? Solln ma s' z'sammgebn oder net? Gwacklt ham s' ja eh schon.
DER LANGDAMALENZ: Jawohl, gebn ma s' zsamm. A jeds Stuck muaß amal a End ham.
DER HAHNAWACHLBAUER (gerührt): Da habts enk, Kinder! Da habt's mein' Segn, seids glücklich mitanand!
WASTL (ist auch auf die Knie gesunken und umarmt Miadei).
DER HAHNAWACHLBAUER: Hörts es, wia die Glocken läuten zu enkern Glück? (Daß mir aber die Glocken nicht wieder zu spät geläutet werden hinter der Szene!) Hörts es, wia da draußt der Hüaterbua juxt? (Daß mir aber auch der Hüterbub richtig da ist mit dem Juxer!) Da konn ma wirkli sagn: guat is 's ganga, nix is gschehgn. Und wem ham mir dös alles zu verdankn?
DER LANGDAMALENZ (bedächtig): Dein' damischn Zaun!
Die Liebenden halten sich eng umschlungen. Die Väter sind sehr gerührt.
Und jetzt muß das echte Alpenglühen einsetzen.
Dann der Vorhang.

Michael Stephan

Georg Queri
und das »Komödi-Spielen«

In den Jahren 1955 bis 1965 erschienen nach einer Sendereihe des Bayerischen Rundfunks im Süddeutschen Verlag die von Alois Fink herausgegebenen zehn Bände »Unbekanntes Bayern«. Die Beiträge des sechsten Bandes aus dem Jahr 1961 widmeten sich unter dem Titel »Das Komödi-Spielen« der Geschichte der »bairischen Komödie«.

In seinem Beitrag über »Das alpenländische Volksschauspiel« schildert Alois Johannes Lippl, wie sich die Einheimischen an vielen Orten unseres Alpenlandes in einem »Komödi-Stadl« »einem besonders liebenswürdigen, angestammten Laster frönen: dem Theaterspielen«. Dieser typische Hang zum »Komödi-Spielen« bewirkt, dass »so ziemlich alles, was ein Bayer tut, wie er leibt, lebt, liebt, hantiert und schafft, mit dem Theater zu tun hat. Bald mehr, bald weniger; aber immer spürbar.« Und Lippl konstatiert: »Die Welt ein Schauspiel, das Schauspiel eine Welt: Für den Bayern war das Theater immer, im Ernst und im Scherz, ja selbst in der verwegensten ›Gaudi‹, eine Sache, mit der nicht zu spaßen war. Auch wenn er scheinbar bloß frotzelte, war etwas hinterkünftig Ernstes dabei. Kurz und gut: Er konnte sich gar nicht anders als dramatisch mit den Dingen, der Welt und den Menschen auseinander setzen.«

Auch Georg Queri, der im Januar 1900 im Alter von 21 Jahren nach München kam, begann als »Dramatiker«. Seine ersten veröffentlichen Werke waren Theaterstücke. Den Anfang machte 1901 »D'Hochzeiterin. Ein oberbayerisches Stück in drei Ereignissen«, vier Jahre später folgte »Lasset uns lieben«, eine Komödie in drei Akten. Große Erfolge waren ihnen allerdings nicht beschieden.

Der Durchbruch kam für Queri erst im Jahre 1909, als er die Bekanntschaft mit dem Verleger Reinhard Piper machte, der kurz zuvor in München seinen Verlag gegründet hatte und nun mit Queri die bayerische Ecke seines Verlagsprogramms ausgestaltete. In rascher Folge erschienen dort Queris erste Mundartdichtungen (»Die weltlichen Gesänge des Egidius Pfanzelter von Polykarpszell«), kleine humoristische Erzählungen (»Die Schnurren des Rochus Mang, Baders, Messners und Leichenbeschauers zu Fröttmannsau«) oder seine autobiographisch angehauchten Geschichten aus einer kleinen Redaktion (»Der wöchentliche Beobachter von Polykarpszell«).

In all diesen Werken erwies sich Queri als Meister der kleinen Form. Selbst in den Erzählungen und Schnurren, besonders in den Dialogen, schimmert immer die Lust am »Komödi-Spielen« durch.

Parallel zu seinen großen volkskundlichen Arbeiten (»Bauernerotik und Bauernfehme in Oberbayern«, 1911 und »Kraftbayrisch«, 1912), die ihn berühmt gemacht haben, nicht zuletzt wegen seiner Auseinandersetzung mit Polizei und Justiz wegen »Verbreitung unzüchtiger Schriften« (§ 184 Reichsstrafgesetzbuch), hat Queri immer wieder – sozusagen als Fingerübung – kleine Komödien geschrieben und auch veröffentlicht.

Von den zehn Komödien aus seinem 1918 erschienenen Sammelband »Bayrisches Komödiebüchl« (eigentlich müsste man es konsequent »Komödi-Büchl« schreiben) ist auch das Stück »Anno Elf der Kriegskomet« bereits im September 1911 in den »Münchner Neuesten Nachrichten« erschienen. Dass diese Veröffentlichung Queri nicht nur Geld, sondern (wegen Verlegung der Fabel »nach Söcking in die Stube des Schalperwirts«) auch Kummer gebracht hat, beschreibt Queri sehr humorvoll im Vorspann des »Komödiebüchls« (»Traurige Nachricht, Erfahrungen über das Komödieschreiben betreffend«). Dass Queri hier (fiktive) Söckinger Bauern über ihre Kriegsahnungen sprechen lässt (»Der Zunterer: Mir brauchn koan Krieg net«) und dabei treffsicher die Volksmeinung auf den oft minimalistischen Punkt bringt, hat ihm vor Ort bei den realen Bewohnern Söckings nicht nur Freunde gemacht. Zum Glück kam Queri unbeschadet aus der Angelegenheit: »Und ich schrieb noch etliche Söckinger Komödien mehr.«

Zu diesen Komödien aus der Zeit vor dem Ersten Weltkrieg gehört auch »Der Balkankrieg anno Zwölf«, eine lebhafte Stammtischdiskussion über den ersten Balkankrieg, in dem die Balkanliga von Serbien, Montenegro und Griechenland die Türkei besiegte, die im Londoner Frieden (Mai 1913) in die Abtretung fast ihres gesamten europäischen Gebietes einwilligen musste. Die Balkankriege waren Wegbereiter für den Eintritt der südosteuropäischen Staaten in den Ersten Weltkrieg, wie es einer von Queris Stammtischbrüdern voraussagt (»Der Moar: Und was nachat? Na geht der Weltkriag an!«).

Und auch in der nächsten Söckinger Stammtischkomödie »Anno Zwölf im Juni: Der Zeppelin kehrt von Berlin zurück« kommen die Bauern schnell auf die mögliche militärische Nutzung der zivilen Luftschiffe, die nach ihrem Erfinder »Zeppelin« genannt werden, zu sprechen (»Der Moar: Fangt er einfach an Kriag an und roast auf Paris hinteri mit sein Luftschiff und sagt: ›Jetzt bin ih da, ös gschneckltn Pariser!‹«).

Auch die weiteren Sketche im »Komödiebüchl« zeigen ihre Zeitgebundenheit. »Hindianer« spielt schon im Krieg 1915 im Feld an der Westfront. Die Gespräche finden nun nicht mehr im Wirtshaus statt, sondern im Schützengraben. Thema sind diesmal indische Truppen, die der Gegner einsetzen wolle, eben die »Hindianer«.

Auch in »Münchner Tankparade« ist der Krieg allgegenwärtig; ein Tank (das ist der bis in die 1930er Jahre übliche Begriff für einen Panzer) spielt fast die Hauptrolle und regt die Phantasien einer bunten Truppe von Münchner Passanten an. Das Schlusswort hat eine Trambahnschaffnerin: »Wann sie halt bei der Trambahn auch die Tanks einführn täten! Brauchat ma gar koan Menschn mehr einsteign lassen. 's Eisentürl zua – besetzt!«.

Im »Komödiebüchl« folgen nun zwei weitere Szenen aus München, die aber im Gegensatz zu den »Kriegskomödien« fast zeitlos erscheinen.

Der Dialog »Der Kunsthändler und der Sammler. Komödie auf das Jahr Neunzehnhundertachtzehn« erschien zuerst in der Zeitschrift »Jugend« (Nr. 2/1919). Georg Queri hatte in der »Jugend«, der 1896 gegründeten »Münchner illustrirten Wochenschrift für Kunst und Leben«, die dem Jugendstil seinen Namen gab, seit 1908 immer wieder kleine Beiträge veröffentlicht. Seit dem 1. Januar 1918 war er bis zu seinem frühen Tod am 21. November 1919 fest angestellter Redakteur.

In seiner kleinen Komödie wird ein neureicher, aber immer noch kleinbürgerlicher Sammler vorgeführt, der viel Geld, aber wenig Verstand und Kunstgeschmack besitzt (er hält das »fecit« in den Bildsignaturen für den Namen des Malers (»san scho Luader, die Fecit!«) und bringt damit den Kunsthändler an den Rand des Nervenzusammenbruchs.

Eine ähnliche Konstellation haben wir in dem Stück »Der arme Buchhändler und der reiche Mann« vor uns. Der reiche Mann will nur ein neues Regal mit sieben Fächern einfach mit Büchern füllen, während der Buchhändler ihm die Klassiker der Weltliteratur empfehlen will. Ein skurriler Dialog entwickelt sich, der sich zum Ende hin steigert. Hier hat ein berühmter Psychiater das Schlusswort: »Sonderbar, sonderbar – der dritte Buchhändler heute!«

Die vorletzte Komödie im »Komödiebüchl« wechselt noch einmal das Genre: diesmal ein Kasperl-Stück. »Kasperl in Neutralien« steht ganz in der Tradition der Kasperl-Larifari-Stücke des Grafen Franz von Pocci. Queri hat Pocci sehr verehrt; in seinem zusammen mit Ludwig Thoma 1913 herausgegebenen »Bayernbuch« hat Queri ihn unter die »100 bayrische Autoren eines Jahrtausends« (so der Untertitel), also seine persönliche literarische Hitliste aufgenommen mit dem Stück »Kasperl in der Türkei. Ein konstantinopolitanisches Lustpiel in zwei Aufzügen«.

Den Abschluss des »Komödiebüchls« bildet der Einakter »Der Zaun«, eine wunderbare Parodie auf die Stücke der alpenländischen Bauerntheater, den »Komödi-Stadln«. Wenn es in der Regieanweisung am Schluss heißt: »Und jetzt muss das echte Alpenglühen einsetzen«, dann fühlt man sich an den parodistischen Sketch »Das Alpensängerterzett« von Karl Valentin erinnert, mit dem er 1913 zum ersten Mal in München mit Liesl Karlstadt als Partnerin auftrat.

»Der Zaun« bildet mit der »Schwartlingkomödie« am Anfang den Rahmen des »Komödiebüchls«. Auch bei diesem fulminanten Auftakt, einer köstliche Szene im überfüllten Eisenbahnwaggon mit einer lebhaften Diskussion unter den Passagieren über das Skifahren, diese allwinterliche »Schwartlingmaschkara«, werden Erinnerungen an andere große Komödien geweckt, nicht zuletzt an Ludwig Thomas Einakter »Erster Klasse« (1910).

Neben dem »Komödiebüchl« konnte Georg Queri sein großes dramaturgisches und komödiantisches Talent nur noch einmal unter Beweis stellen (sein früher Tod im Alter von nur vierzig Jahren verhinderte seine weitere Entwicklung). Das ebenfalls 1918 im

Verlag Josef C. Huber veröffentlichte Singspiel »Matheis bricht's Eis« (in altbayerischen Volksweisen vertont von dem Starnberger Heinrich Gerstetter) wurde am 15. Juli 1918 im Odeon-Theater in Würzburg uraufgeführt (nachdem es zuvor vom Intendanten des Gärtnerplatz-Theaters in München abgelehnt worden war). Im Sommer 1919 wurde es in Tegernsee in Anna Dengs Bauerntheater durch drei Theatergruppen für eine Tournee durch Deutschland einstudiert. Im Münchner Volkstheater kam es im Jahr 1938 rechtzeitig zum Oktoberfest zur Aufführung und füllte Abend für Abend das Haus. Noch heute steht das Stück immer wieder auf dem Spielplan kleinerer Bühnen.

In dem eingangs zitierten Band über das »Komödi-Spielen« aus dem Jahr 1961 gibt es nur eine kleine Passage, in dem Georg Queris Theatertalent angemessen gewürdigt wird: in dem Beitrag von Josef Martin Bauer über das »Bauerntheater in der Großstadt«:

»Es waren eigentlich nur dreißig Jahre, die von etwa 1890 bis 1920, in denen die bayerische Komödie groß und eigenständig war. Josef Ruederers ›Fahnenweihe‹, Ludwig Thomas ›Magdalena‹, Georg Queris ›Matheis bricht's Eis‹ sind die Höhepunkte, in denen das Volksstück zu Dichtung wurde.«

Editorische Notiz

Das Buch »Bayerisches Komödiebüchl. Gegen böse Stunden und die lange Weil geschrieben von Georg Queri« erschien »mit vielen Bildern von Paul Neu« erstmals 1918 im Verlag Jos(ef) C. Huber in »Diessen vor München«. Die Neuausgabe folgt in Orthographie und Interpunktion der Erstausgabe, d. h. unterschiedliche Schreibweise von Dialektwörtern wird in Kauf genommen. Auch der unterschiedliche Gebrauch von Klammern um die Regieanweisungen wurde nicht vereinheitlicht. Nur offensichtliche Druckfehler wurden berichtigt. Alle Illustrationen der Erstausgabe wurden übernommen.